# A LA MÉMOIRE

## DE

# J.-M.-B. VIANNEY

## ÉVÊQUE CURÉ D'ARS.

> Il les a nourris dans l'innocence de son cœur, et il les a conduits d'une main sage et prudente.
>
> Ps. LXXVII.

## LYON

### CHEZ L'ÉDITEUR, COURS DE BROSSES, 12.

1867

# HOMMAGE
## AU CURÉ D'ARS.

Notre intention, en publiant cet opuscule, n'est pas difficile à saisir. On nous saura gré de renouveler, de temps en temps, les moyens d'honorer la mémoire de cet homme de Dieu que nous ne possédons plus, et de maintenir avec lui nos rapports, autant que l'Église le permet. Dieu nous en tiendra compte; c'est sa gloire que nous cherchons ; le saint curé, voyant que le salut des âmes est notre but, s'en réjouira dans le ciel et demandera pour nous des bénédictions.

Cette petite œuvre s'en ira faire le bien à sa manière; elle passera facilement, elle est sans prétention. Son voyage commence sous d'heureux auspices. Laissez-là vous faire plaisir, en vous donnant occasion de réveiller le sentiment qu'excitèrent en vous la vue et les bienfaits du saint Curé. On aime à parler de ses impressions à Ars, de ce qu'on a vu et entendu, des faits surprenants qui ont signalé cette vie. La foi y trouve ses intérêts parce que dans le prêtre on trouve Dieu.

Et comment, dans le prêtre, trouve-t-on Dieu? Ecoutez : Dieu est la toute puissance, la vérité qui ne peut se tromper, ni nous tromper, il est la bonté souveraine. Or, il m'est impossible d'expliquer cette toute puissance, qui fait tout pour le bonheur de l'homme; ni cette vérité qui éclaire tout homme venant dans le monde. Il m'est impossible d'exprimer la bonté de ce Dieu, en qui la foi nous revèle un Dieu nous cherchant, un Dieu se familiarisant avec nous, un Dieu brûlant pour nous d'amour, un Dieu se donnant à nous tout entier, et ne voulant que nous en retour de lui-même. Il a soif qu'on ait soif de son bonheur.

La nature divine, riche et infinie, n'éprouve que le besoin de nous voir puiser en son sein les eaux de la vie éternelle; et reçoit, comme un bienfait toute occasion de nous bénir. Eh! bien, cette toute puissance, cette vérité, cette bonté suprême, Dieu a daigné en faire dépositaire dans le monde, un homme, et cet homme c'est, le Prêtre!

Oui, le prêtre est le ministre de la toute puissance de Dieu. Le prêtre prononce une parole qui opère tout ce qu'elle signifie; de l'enfant du démon, il fait l'enfant du Seigneur, retire les âmes de l'abîme de l'iniquité, les orne de vertus, crée le Créateur sur l'autel, remplit la terre de tous les miracles de la grâce et le ciel de tous les prodiges de la gloire; en un mot, le prêtre abaisse Dieu jusqu'à l'homme, et élève l'homme jusqu'à Dieu.

Il faudrait avoir vu, de près, le curé d'Ars pour apprécier cette toute puissance du prêtre. Devrais-je le dire? il a fait tomber à ses genoux des pécheurs aussi téméraires qu'endurcis, qui se présentaient à lui, pour le tenter, pour éprouver par eux-mêmes, s'il avait conquis, à bon droit, l'estime et le respect universels. Ces députés de la raison s'en retournaient avec la foi; ces soldats de l'incrédulité étaient domptés par son regard éclairé; et venus avec des intentions hostiles, ils emportaient la paix de la conscience.

Le prêtre est l'organe de la vérité céleste. Lisez les catéchismes, les homélies de M. Viannay, dans sa VIE, ou dans le petit ouvrage intitulé : ESPRIT DU CURÉ D'ARS, et, dites si l'enseignement n'est pas la vie du monde moral. N'est-il pas vrai que, pour que la terre ne fût pas attristée, déchirée par les divisions et les haines, arrosée de sang et de larmes, il ne faudrait qu'une chose : c'est que les hommes voulussent se souvenir des grandes leçons du prêtre ? Est-ce que l'on oserait dire que le prêtre nuit aux intérêts de la société ? mais, qui le dirait ? des hommes qui n'aspirent qu'à la ruine de la société.

Que ne fait pas le prêtre, si vous le considérez comme la Providence des malheureux ! Oh ! que le spectacle qu'offre monsieur Vianney, sous ce rapport, est touchant ! qu'il est honorable pour la religion !

Le genre humain lui tient la place de père, de mère, de frère, de sœur et d'enfants ; il est tout pour eux ; si quelqu'un s'en étonne, c'est qu'il ignore ce qu'inspire le nom de Père.

Suivez-le : le voyez-vous entouré de pécheurs, qu'il ne condamne qu'au repentir, cette vertu qui égale l'innocence ? il use, pour le salut et la sûreté de ses frères, jusqu'aux restes mourants d'une vie abrégée par une ardente charité de tous les jours, comme l'encens qui s'évapore et s'éteint à force de se consumer. Oui, tout cela est vrai : instruire, consoler, se dévouer, voilà le glorieux privilège du prêtre ;

sa vie entière n'est qu'un long, qu'un héroïque dévouement au bonheur de ses semblables. Le prêtre, en un mot, est l'auxiliaire de Dieu. Rappelez-vous avoir trouvé tous ces traits dans le curé d'Ars; leur souvenir vous édifiera; quand vous aurez dit : c'est vrai, c'est qu'alors vous aurez reconnu, dans ce prêtre, le coadjuteur de Dieu, le ministre de sa vérité et de sa sagesse, le médiateur entre Dieu et les hommes, l'administrateur de ses biens.

C'est ainsi que vous arriverez à cueillir cette modeste fleur que nous jetons sur sa tombe, elle vous parfumera d'une odeur immortelle de sainteté.

Chrétiens, dont la douleur, aux larmes obstinée,
Du pasteur chéri d'Ars, déplore le trépas,
Approchez et voyez la gloire destinée
    A nos Saints ici-bas.

Jean-Baptiste Vianney n'est plus! Tout son mérite
N'a pu le réserver aux périls de la foi,
Ce père tant aimé, ni retenir sa fuite,
    Chez le souverain Roi.

Il n'est plus! oh! mon Dieu, par des temps si funestes,
Que n'est-il au combat? aux regards des pécheurs,
Pourquoi sitôt le prendre? est-ce que ses saints restes
    Des temps seront vainqueurs?

Mais, que dis-je ? O mon Dieu, pour sa vertu sublime
Vous voulez un hommage et plus noble et plus beau ;
A vos saints, vos amis, de raison légitime,
    Il faut plus qu'un tombeau.

Ce prêtre n'est point mort !  Il vit par sa mort même
Ses actions sont là ; son cœur et son esprit
Brillent à tous les yeux, le plus beau de lui-même,
    A son trépas survit.

Ce qu'il eut de mortel s'éclipse à notre vue ;
Mais, de sa charité le visible flambeau
Atteste que sa vie à tous les maux s'est due :
    Pour lui, pas de tombeau.

J'entends porter au loin tant de douces merveilles,
Je vois là, de mes yeux, tant de vœux accomplis,
Au salut, au devoir, aux grâces sans pareilles,
    Tant d'hommes rétablis !

Et pendant quarante ans, ô mon Dieu, votre prêtre
Distribuait vos dons, toujours tendre pour nous,
Toujours dur à lui-même et craignant de paraître,
    Il travaillait pour vous !

Combien a-t-il reçu d'éloges unanimes
Mille fois applaudis, répétés tour à tour !
Et combien aux respects de titres légitimes,
    Sans vivre trop d'un jour !

En dépit de la mort, l'image de son âme,
Ses œuvres, ses vertus vivantes dans nos cœurs,
Y peignent ce saint Prêtre avec des traits de flamme,
    Qui du temps sont vainqueurs.

Vis à jamais, ah ! vis, Vianney, dans ma mémoire,
Toujours mon cœur vers toi, m'élève et me conduit ;
Saint Prêtre à qui je dois, et ma vie et ma gloire,
    Qui, sans toi, se flétrit.

Chrétiens, voici le temps, où libres de contraintes,
Nos voix pourront, pour lui, signaler leurs accents ;
Et notre Église d'Ars, sans orgueil et sans crainte,
Lui prodiguer ses chants.

Heureux village d'Ars, préparez votre offrande ;
Un jour son nom béni, parmi les plus grands noms,
Prendra place aux autels ; et, sur votre demande
Entre vos saints patrons.

M. Vianney, qui était né à Dardilly (Rhône), était curé d'Ars depuis 1818, c'est-à-dire depuis plus de quarante-un ans. Qui dira jamais le nombre de pauvres souffrants accourus auprès du curé d'Ars, pendant ces quarante-et-une années, pour trouver un adoucissement à des maux que le monde ne pouvait ni soulager, ni guérir, et l'on venait de tous les points de l'Europe, de l'Espagne, de l'Italie, de la Belgique, etc. Que de mères l'ont imploré pour leur fille mourante, pour leur fils voué à de cruelles infirmités. Nous avons vu, nous-mêmes, des officiers supérieurs de nos armées se jeter aux pieds du digne vieillard, pour demander la cessation de leurs souffrances. Je ne fais point de miracles, répondait le pauvre curé, mais priez avec moi, priez avec ferveur, agenouillez-vous au pied des autels ou au tribunal de la pénitence, et Dieu vous écoutera, et la prière obtiendra ce que vous demanderez. Combien s'en sont retournés soulagés, sinon guéris ; et combien ont appris à bénir la main de Dieu, lors même qu'elle nous frappe. Voilà ce que faisait le curé d'Ars. Pendant toute son existence, il menait la vie d'un anachorète de la Thébaïde, au milieu de notre civilisation, aux portes de cette bruyante cité de Lyon.

Quelques planches pour reposer un instant sa tête chaque nuit, et une tasse de lait chaque jour pour soutenir son corps, est tout ce qu'il empruntait à la terre. Sa mort a été un deuil universel dans les contrées voisines à cette paroisse et s'est étendue dans toutes les parties de la France et jusque dans les pays étrangers. Partout il était vénéré comme un vrai serviteur de Dieu, et partout on s'adressait à lui pour obtenir le secours de ses directions et de ses prières. La cérémonie du 6 août restera comme une page glorieuse de l'histoire du clergé de France, ce n'est pas à tous les siècles qu'il est donné de voir de pareils spectacles. Environ 12,000 personnes ont assisté à l'enterrement

# DE LA RETRAITE SPIRITUELLE A ARS.

## CHAPITRE Iᵉʳ.

Avez-vous jamais réfléchi sur la nécessité où vous êtes de faire une retraite? je ne veux point vous juger, vous qui rencontrez ce petit livre sur votre passage. Mais pour vous convaincre qu'il est vrai, très-vrai que vous êtes dans une souffrance intérieure, qui exige de vous quelques jours de sérieuses réflexions, je vous en prie, soyez sincère avec vous-même.

Dans ce moment, vous êtes seul; personne ne vous importune, les affaires vous laissent cet instant. Eh! bien, considérez l'état de votre âme.

Remarquez si vous n'êtes pas du nombre de ceux qui, au lieu de se servir de leur esprit et de leur raison, pour chercher les moyens d'assurer et de faciliter leur salut, ne sont, dirait-on, ingénieux qu'à se tromper eux-mêmes, à s'aveugler et à trouver de vains prétextes pour se dispenser des pratiques les plus utiles.

Depuis quand votre âme est-elle si languissante, si faible? que pensez-vous de la facilité avec laquelle vous péchez? Pouquoi vous ralliez-vous au monde? Vous copiez ses défauts : on a reconnu dans votre conduite une molle délicatesse, une recherche déplacée, des prétentions immodérées. La droiture de jugement, la prudence dans les paroles et les manières n'est plus en vous; la réserve des mœurs pures est altérée en votre personne.

Avouez-le, là, dans le silence de votre appartement, en face de votre crucifix. Dites à votre Sauveur : c'est vrai, Seigneur, je ne suis plus le même qu'autrefois, je me perds. Les résistances à votre grâce ne me causent plus de remords. La défiance de moi-même ne m'accompagne plus, et je rougis de ce qui me faisait honneur. Je le confesse : je me perds, le monde et ses passions m'ont séduit.

Aujourd'hui, réprimer le penchant qui m'entraîne au mal, ne pas compter sur mes propres forces pour parer aux tentations, réparer mes dernières chûtes, en effacer les taches par mes larmes, voilà mon devoir. Hélas! comment entreprendre ce travail? Qui me tendra la main, pour me ramener à ce que j'ai perdu?

Agréez ma réponse : faites une retraite. Elle réparera le passé, et l'avenir sera réglé par le plan d'une vie toute nouvelle.

Croyez bien que Dieu vous prépare, dans une retraite, de grandes faveurs. Vous reviendrez à la paix en rentrant dans l'amitié de Dieu. Là, vous recevrez des lumières pour éclairer votre esprit, de salutaires émotions pour convertir votre cœur, de sincères désirs d'être tout à Dieu. Non, non, ne restez pas plus longtemps dans un état si déchirant, il faut vous décider à une retraite.

## Chapitre II.

Allez, loin du monde, dans ces lieux tant de fois célèbres par les merveilles de la grâce. Combien de pécheurs convertis, de vocations décidées, d'affaires conclues! Combien de réformes dans les familles, combien de réparations d'injures, de scandales, d'injustices! Comptez les âmes dirigées, fortifiées, consolées! Comptez ceux qui, étant venus pour la guérison de leurs maladies corporelles, sont repartis dans la joie d'une bonne conscience !

Tels sont les résultats du pélerinage d'Ars·

Cette foule de tout pays, de tout âge, de toute condition, de tout mérite, cette foule entendait cet homme de Dieu, l'organe de la vérité toute simple, le prédicateur doux et humble de ses jugements, elle était émue, saisie dans une étreinte divine. Aux yeux de tous, apparaissait le travail de la grâce; personne n'hésitait à confesser ses péchés et ne rougissait de les pleurer. Il fallait se convertir.

Dieu devenait aimable, la prière pleine de consolation, les vertus chrétiennes s'épanouissaient avec tous leurs charmes, le monde retombait sous l'anathême. On se rappelait avec regret ses premiers serments trahis, et le règne de Dieu s'établissait dans les âmes, par cent merveilles de la grâce.

Et ce règne de Dieu dans les âmes, cette fécondité de la grâce, et cette magnifique prospérité des intérêts de Dieu, d'où venait-elle ? Répondez avec bonheur, vous qui avez connu le saint prêtre; soyez confus, esprits vains,

**faux** sages, ennemis de Dieu et de son église, c'était l'œuvre du curé d'Ars.

Depuis sa mort, *les Seize retraites* prêchées à Ars, pendant les mois d'avril, mai, juin, juillet, août, septembre, octobre et novembre, commencent les premier et troisième lundis de chaque mois.

*Voici Huit Méditations* qui exposent à vos réflexions les bienfaits et les consolations de la retraite spirituelle.

## Ire MÉDITATION.

## La fuite du monde.

Il était temps de me soustraire
Aux méchants, qui ne sauraient faire
Que ma perte et mon désespoir.
Me voici : je voudrais avoir
Un doux remède à ma sombre tristesse,
Et de mon Dieu mériter la tendresse.

Hélas ! l'impie a su me prendre,
De sa main perfide me tendre
Les rets qui perdent l'innocent.
Devant votre souffle puissant,
Seigneur, chassez cette vile poussière,
Qui contre vous semble s'armer si fière.

Signalez sur moi vos largesses,
Frappez par de justes détresses
Ces hommes qui portent sur nous
Les coups dirigés contre vous.
C'est temps, Seigneur, soumettez leur audace,
Faites briller l'éclat de votre face.

De ce vil troupeau qui m'assiège,
Un jour, délivré, me verrai-je ;
Sans crainte, à l'abri du danger,
Sous vos saintes lois me ranger ?
L'heure, grand Dieu ! de ma perte s'avance,
Sauvez vos droits et ma vive espérance.

Ah ! s'ils rentraient en votre grâce,
Si, parmi vos enfants, leur place
N'était pas perdue à jamais,
Un jour, comblés de vos bienfaits,
Ils reviendraient à vous d'un cœur sincère,
Ne cherchant plus désormais qu'à vous plaire !

Merci, mon Dieu, l'heure est sonnée,
L'heure où la grâce m'est donnée,
L'heure dite de mon salut ;
Ici je viens chercher ce but.
Monde pervers tu ne sais pas ma fuite,
Ne pense plus à celui qui te quitte.

En t'écoutant, monde perfide,
Trop longtemps, je t'ai pris pour guide ;
J'ai marché d'erreur en erreur,
Aussi, chez toi, point de bonheur.
Quand, à ta voix, je suivais tes maximes,
Monde imposteur, tu me menais aux crimes.

Dans ces lieux de paix, de retraite,
Me voici : c'est moi, je m'apprête,
Loin de ce monde corrupteur,
A chercher avec plus d'ardeur,
L'heureux pardon de ma longue injustice,
Et m'enrôler dans la sainte milice.

## IIe MÉDITATION.

# Par la retraite, je vaincrai.

Des cruels ennemis, qui poursuivent ma vie,
Conduits par l'injustice, excités par l'envie,
Mon Dieu, pourquoi le nombre augmente-t-il toujours?
Et pourquoi leur fureur, bien loin d'être assouvie,
    Croit-elle tous les jours?

Méchants persécuteurs, je suis leur faible proie;
Je les vois, les entends, répéter avec joie :
« C'en est fait, il nous craint, il tombe sans appui;
« Les cris qu'en sa douleur, jusqu'au ciel il envoie,
    « N'obtiennent rien de lui. »

Mon Dieu, n'êtes-vous pas ma ressource éternelle?
Ne dois-je plus bénir votre garde fidèle?
Ma force, en tous les temps, est plus à vous qu'à moi,
A vous seul ma vertu; je n'ai compté sur elle,
    Qu'en raison de ma foi.

Autrefois, à ma voix gémissante et plaintive,
Vous vouliez bien prêter une oreille attentive:
Je redouble mes cris, dans mon pressant danger;
Daignez m'entendre encore, et que la grâce arrive
    A temps pour me sauver.

Il vient, son seul regard dissipe, déconcerte
Les mondains ennemis, réunis pour ma perte,
Je brave leurs assauts, avec Dieu pour soutien,
Ils seront repoussés, et leur malice ouverte,
    Devant moi, n'est plus rien.

Heureux fruits de salut! ô puissante retraite,
En soldat généreux, avec vous, je m'apprête
A lutter désormais contre l'iniquité.
Oui, par vous je vaincrai l'horreur de la tempête;
    Je suis en sûreté.

### III<sup>e</sup> MÉDITATION.

# L'Appel de la Grâce.

Le Seigneur à mes yeux fait briller la lumière,
Sa bonté se souvient de ma beauté première,
L'auteur de mon salut ne m'abandonne pas;
Des dangers que je cours, il peut sauver mes pas!

Suprême et seul objet de ma vive espérance,
Pour mes nombreux péchés, j'implore ta clémence;
Mes yeux cherchent ta face et son éclat si doux :
Ne fuis pas loin de moi, dans ton juste courroux ! !...

Sois toujours mon appui, c'est toi seul que j'implore,
Ne m'abandonne pas, ma voix te dit encore :
O mon Dieu, reçois-moi dans ta sainte maison,
Mon retour est au ciel glorieux pour ton nom.

— Pourquoi, pauvre pécheur, vivre dans la tristesse,
— Quand tu pourrais en paix, couler des jours heureux?
— Pourquoi du monde impur, écouter la promesse,
— Quand le fourbe, cent fois, t'a trompé dans tes vœux?

— Brise les fers honteux de ton dur esclavage,
— Conduis, ici, tes pas au sentier de mes lois;
— Viens jouir de mon cœur qui, malgré ton outrage,
— Ingrat, t'a conservé son amour d'autrefois !

— Reviens, pécheur, reprends ta robe d'innocence,
— Tu rentreras, enfant, dans tous tes anciens droits.
— Que dis-je ? Tu feras la douce expérience.
— Que l'amour de ton Père est grand comme autrefois.

## IVᵉ MÉDITATION.

## Le Calme de la Retraite.

Je t'aimerai, Seigneur, ô toi, par excellence,
Ma force, mon refuge et mon libérateur ;
De mon âme flétrie, embrasse la défense,
Mon unique salut et mon seul protecteur.
  Viens donc, Seigneur, maître adorable,
  Pour la gloire de ton saint nom,
  Viens délivrer un misérable
  Du poids de son affliction.
  Je le sais, mes jours sont commis
  Aux tendres soins du Dieu que j'aime,
  J'en suis sûr, il viendra lui-même
  Me sauver de mes ennemis.

Je les ai vus souvent, avec un noir outrage,
Pareils à des torrents, contre moi repandus ;
La douleur accablait ma force et mon courage,
Les filets de Satan, partout m'étaient tendus.
  Jouet d'un sort si déplorable,
  Je levai mon œil languissant,
  Vers celui dont le bras puissant
  Pouvait seul m'être secourable.
  Et bientôt, touché de mes pleurs,
  Du haut de sa demeure sainte,
  Il entendit mon humble plainte,
  Et calma toutes mes terreurs.

Aujourd'hui, je l'éprouve, il entend ma prière,
Mes soupirs et mes cris ne sont pas superflus :
Ma vie est dans ses mains, il est encore un Père.
Vils mondains, rougissez, retirez-vous confus......
  Rassemblez-vous, troupe chérie,

De tous les amis du Seigneur,
C'est avec vous que je m'écrie :
C'est un Dieu saint, un Dieu vengeur;
Son inépuisable tendresse
S'empresse de sécher mes larmes :
Sa paix relève ma tristesse,
Je ne crains plus d'autres alarmes.


## V<sup>e</sup> MÉDITATION.

# Les Trésors de la Retraite.

Seigneur, à vos trésors j'arrive,
Pouvais-je résister, pressé par votre amour,
D'où coule tout vrai bien, d'où la vertu dérive?
Daignez donc bénir mon retour.

Tous, vous connaissez sa clémence,
Il se rendra propice à mes vœux assidus;
Et dans cette retraite, où je sens sa présence,
Que de biens me seront venus!

Oui, pour ces trésors, dès l'aurore,
J'irai solliciter l'ineffable bonté :
Et je reconnaîtrai que le Dieu que j'adore
Ne m'avait pas déshérité.

Car, lorsque le méchant ne trouve
Que le remords cruel de vous avoir blessé;
Ô mon Dieu ! moi, rentré dans la loi, je n'éprouve
Qu'un bonheur trop longtemps laissé.

Votre enfant, dans la maison sainte,
Peut entrer pour jouir de vos embrassements;
Votre puissante main calme toute ma crainte,
Vous seul comblez mes sentiments.

Oui, mon Dieu, c'est la pénitence,
Qui brise les liens de ma captivité ;
Enfin, je sors d'un monde, où se perd l'innocence,
Et jaloux de ma liberté.

D'une pure et douce lumière
Pour moi, pauvre pécheur, votre face reluit ;
Et, dans cette retraite, à mon âme sincère
De la paix vous donnez le fruit.

Ah ! c'est une nouvelle vie !
J'accepte le saint joug, je redis mes serments ;
J'y trouve le bonheur, en Dieu je me confie,
Pour cesser mes égarements.

Venez donc, suivez la retraite,
Chrétiens dégénérés, ici, la vérité ;
Ne la méprisez pas, que rien ne vous arrête,
C'est le seuil de l'éternité.

# VIᵉ MÉDITATION.

## Le Festin.

Enfin, le bon Pasteur m'appelle.
Connaissez-vous le bon Pasteur ?
Il chérit sa brebis fidèle,
Il la préserve de l'erreur.

Le bon pasteur s'est fait Hostie
Pour sa brebis, sur les autels,
Il demeure le pain de vie,
Le pain qui nourrit les mortels.

Pour elle un céleste sourire,
Et les entretiens les plus doux,
Que son cœur épris ne peut dire,
Ni Jésus, prodiguer à tous.

Je t'aime, ô demeure chérie,
Du bon Pasteur divin séjour,
C'est vrai, c'est mon unique envie :
Puissè-je, ici, vivre d'amour !

Oui, les transports où je me livre
Remplissent, enchantent mon cœur !
C'est un calice qui m'énivre
De sa merveilleuse liqueur.

Oui, c'est vous, pasteur secourable
Qui me charmez par vos attraits ;
Et loin du monde méprisable
Voulez m'enchaîner à jamais.


Fuyez au loin, souvenirs de la terre,
Près de Jésus j'ai fixé mon séjour,
Adieu, plaisirs ;  adieu, vie éphémère ;
Il me suffit, mon prisonnier d'amour !
Près de son cœur, le mien se renouvelle.
Pourrait-il être abattu sans retour,
Tant  qu'il conserve une seule étincelle,
Qu'il peut unir a son foyer d'amour ?

Mais, quel bonheur, quand les feux de l'aurore
M'ont annoncé le beau jour du festin !
Je cours à toi, pain sacré que j'adore,
Mon bien, mon tout et ma dernière fin !
Je te reçois, tu possèdes mon âme.
Mon cœur s'abime en ton immensité,
Oh ! puisse-t-il, consumé par ta flamme,
S'unir à toi dans ton éternité ! ! !

Laissons le monde s'étonner,
De notre sublime folie ;
Conservons, sans le profaner,
Dans notre cœur le pain de vie.

Le salut n'est pas en péril,
A qui mange le pain de vie.
C'est lui qui, du fond de l'exil,
Nous fait entrevoir la patrie.

## VII<sup>e</sup> MÉDITATION.

## Le dernier Jour.

Venez, hâtez-vous ;
Approchons-nous tous,
Du Dieu de clémence.
En retour pieux,
Offrons lui nos vœux,
Pour son indulgence.
Il fut mon Sauveur,
Il fut ma défense,
Il est de mon cœur
La douce espérance.

Quel délice en ce lieu,
Je trouve aujourd'hui,
O bonté suprême !
Loin des criminels,
Auprès des autels,
Près de ce que j'aime.
Mes plus heureux jours,
Vous coulez trop vite :
Cessez votre cours,
Je crains votre fuite.

Hélas ! au néant
L'homme est ressemblant.
Quelqu'en soit le nombre
Ses plus heureux jours,
Avec lui toujours,
Passent comme une ombre.
Abaissez les cieux,
Seigneur, que ma vie
Passe sous vos yeux
Sauvée et ravie.

Embrasé d'ardeur,
Plusieurs fois mon cœur
Reste au tabernacle.
C'est là mon espoir,
Là, que sans obstacle
Mon Dieu se fait voir.
O Dieu si propice,
Que pour vos bontés,
Chacun vous bénisse,
En ces lieux sacrés.

En quittant ces lieux,
Pour nos beaux adieux,
Révérons d'un prêtre
Le simple tombeau.
Pour son cher troupeau,
Donner tout son être ;
S'épuiser d'amour,
Et perdre la vie ;
Fut, dans ce séjour,
Sa plus forte envie.

Nous le bénirons,
Tant que nous vivrons !!
Sous sa garde sainte,
Trop heureux pécheurs,
Quittons cette enceinte,
Remis de nos pleurs,

Ici, la prière,
La vertu, la paix,
Sèment de bienfaits
Notre vie amère.

## VIIIᵉ MÉDITATION.

# Avant le Départ.

Quand vous contemplerais-je,
    O céleste séjour?
Et quand, ô mon Dieu, m'y verrai-je
Tout consumé de mon amour ?

Ah ! comblez mon attente.
En m'atirant à vous ;
Mon âme sera languissante,
Jusques à ce moment si doux.

Oui, j'ose vous le dire :
Je vous aime Seigneur,
Sans cesse, après-vous je soupire ;
C'est, ici-bas, tout mon bonheur.

Tout me présente un gage
De votre tendre amour :
Vous l'avez peint dans chaque ouvrage.
Il demande un juste retour.

Que ne puis-je ô bon Maître,
Vous gagner tous les cœurs !
Que ne puis-je faire connaître
En tous lieux vos appas vainqueurs !

Pécheur qui prends les armes
Contre un Dieu tout puissant;
Peux-tu verser assez de larmes
Sur cet aveugle emportement ?

Hélas ! souvent moi-même,
J'ai péché contre vous;
Grand Dieu ! ma douleur est extrême,
Ah ! désarmez votre courroux.

J'entends ce Dieu propice
Me dire au fond du cœur :
Tes pleurs apaisent ma justice;
Ne vois en moi qu'un Dieu sauveur.

Maintenant, qui m'arrête?
Ici, que fais-je encor?
Je sens mon âme toute prête,
Vers le Ciel, à prendre l'essor.

Partez donc, ô mon âme,
Et quittez ces bas lieux :
Pour brûler d'une vive flamme,
Sans tarder, allez dans les Cieux.

Si Dieu, dans sa justice,
Diffère ce bonheur,
Pour m'adoucir un tel supplice,
Amour divin, brûle mon cœur.

Ars, où ce cœur sincère,
Conçut ces purs désirs;
Dans mon ardeur, je te préfère
A mes biens et à mes plaisirs.

De ma nouvelle vie,
Tu fus l'heureux berceau :
Malheur à moi, si je t'oublie !
Je trahirais un saint tombeau.

# IIIᶜ PARTIE.

# PRIÈRES
## APPROPRIÉES A L'ÉGLISE D'ARS.

> Si la foi manque, il n'y a
> plus de prière. Sᴛ-Aᴜɢᴜsᴛɪɴ.

## Pʀɪèʀᴇ ᴅᴀɴs ʟᴀ ᴄʜᴀᴘᴇʟʟᴇ ᴅᴇ ʟ'Eᴄᴄᴇ-Hᴏᴍᴏ

Voilà l'homme ; O pécheur, voilà l'homme de douleur. Contemple cette victime, qui s'est offerte pour toi ; considère sa tête couronnée d'épines ; regarde cette chair divine, déchirée par les coups violents de la cohorte romaine, vile soldatesque à la fureur de laquelle Jésus a été livré ; contemple les plaies que tes péchés et son amour lui ont faites.

Pilate dit à la foule : Voilà l'homme ; mais toi, tu dois dire : voilà mon Dieu. voilà mon Roi. Reconnais-tu ton Roi sous ces lambeaux de pourpre ? Regarde bien, est-ce ton Roi, Jésus flagellé, couronné d'épines, portant pour sceptre

NOTA. — Dans la Vɪᴇ ᴅᴜ ᴄᴜʀé ᴅ'Aʀs, tome I. page 231, on trouve des détails sur les chapelles de l'église d'Ars.

un roseau? As-tu suivi son étendard jusqu'à présent? Ou bien, aujourd'hui veux-tu prendre un engagement sincère et solennel d'être son sujet? Ah! tu crains de te déclarer pour un tel Roi? Tes passions murmurent « Encore quel-« que temps, attendez; et que ferez-vous de nous, si Jé-« sus est votre Roi? Et le monde, vous allez donc le mettre « dehors de votre cœur? Que ferez-vous de vos amis? si « Jésus est votre Roi? — Oh! non, attendez!! *Peut être* « que plus tard vous aurez le temps et la force de vous « enrôler dans le service de ce Roi de la pénitence? » Esclave du péché, est-ce que tu hésites à secouer tes chaînes? Ce Roi des douleurs, a-t-il hésité à satisfaire pour toi à la justice de son père? Enfant prodigue, tombe à ses pieds, exprime-lui tes sentiments de réparation et d'amour; sous son règne, tu jouiras de la liberté des enfants de Dieu.

Je vous reconnais, ô mon divin Roi! Toutes les puissances de mon âme vous acclament! {Je vous adore, j'adore votre couronne d'épines, j'adore votre manteau royal et votre sceptre de roseau, j'adore votre cœur si magnanime dans ses pardons, et, en vrai sujet, je déclare que désormais, je m'associe à vos serviteurs fidèles. Pour vous plaire ils doivent honorer vos humiliations, accepter les souffrances, se ranger sous les lois de la pénitence. Je vous prie de soutenir ma faiblesse, de fortifier mon courage par la vertu de votre sang. Et notre signe de ralliement aux sacrifices, aux dévouements, aux grandes œuvres, sera ce cri . Voila l'Homme !

J'espère de votre grâce de ne point encourir le déshonneur d'une désertion. J'ai péché, je suis chrétien, vous me promettez une part dans votre gloire; ainsi je m'engage à votre très-honorable service.          Ainsi soit-il.

# A NOTRE-DAME-DE-PITIÉ.

O Vierge très affligée, ô Reine des martyrs, Mère de douleur, imprimez dans mon cœur les plaies de votre Fils.

Consolatrice des affligés, j'apprends de vous que les souffrances sont réservées aux amis de Dieu, qu'elles achèvent notre perfection, et forment en nous les derniers traits de la ressemblance de Jésus-Christ crucifié. Obtenez moi la grâce de souffrir avec vous et comme vous. Mais, surtout, je vous conjure, modèle et protectrice des souffrants, d'assister à ma mort, comme vous avez fait à celle de Jésus-Christ, votre Fils, de recevoir mon âme entre vos mains et de la présenter à mon Juge. Que par les plaies de votre divin Jésus et les douleurs que vous ressentites au pied de la croix, j'arrive heureusement au port de la bienheureuse éternité.     Ainsi soit-il.

# A SAINT JEAN-BAPTISTE.

Glorieux saint, qui avez été le précurseur du Messie, le prince de la vie de retraite et de silence, le prédicateur et l'exemple de la pénitence, je voudrais vous invoquer avec la foi et le sentiment de votre dignité, qui animaient envers vous le prêtre dont nous honorons ici la mémoire.

Voix éclatante du Verbe éternelle, obtenez-nous de ne

jamais cesser de parler par respect humain, par faiblesse, ni par ignorance des vérités de notre foi. Demandez pour nous la fermeté chrétienne, afin de rendre témoignage à Jésus-Christ, le zèle nécessaire pour ne perdre aucune occasion de procurer la connaissance et l'amour de Jésus-Christ. — Nous désirons, à votre imitation, réunir en nous l'humilité à l'obéissance; la foi au renoncement à notre propre sens; et dans ce siècle pervers, nous voulons, avec votre protection, tant aimer et craindre Dieu, que nous ne flattions pas les vices, et que notre vie soit sacrifiée en témoignage de la vérité.     Ainsi soit-il.

## A SAINTE PHILOMÈNE.

Illustre Vierge, sainte Philomène, je suis dans cette église pour vous rendre un culte spécial, d'après l'exemple du vénérable prêtre qui consacra sa vie à vous honorer et glorifier. Vierge et martyre, épouse de Jésus-Christ, vous ne donnâtes rien au monde : non, il n'obtint rien de vous, ni ses flatteries, ni ses persécutions, ni sa fureur n'ébranlèrent votre âme virginale. Très-fidèle témoin de l'amour de Jésus-Christ, vous donnâtes votre vie, pour attester votre haine des plaisirs et des pompes du siècle, pour déclarer que la virginité est préférable à tous les honneurs, à tous les tresors, à toutes les alliances.

Invulnérable athlète, une joie surnaturelle, une force divine vous soutenait dans les supplices; vous avez lassé vos bourreaux. En multipliant vos souffrances ils ont augmenté vos triomphes. Je suis à vos pieds pour vous conju_ rer de m'obtenir la victoire sur mes tentations, la grâce d'une retraite fervente, la persévérance dans le service de Dieu. Ainsi soit-il.

## A SAINT ROCH.

C'est vous, cher ami de Dieu qui avez garanti les peuples de la contagion, et éloigné la vengeance du Ciel irrité, lorsque les crimes des pêcheurs l'avaient provoquée. Continuez, fidèle serviteur de ceux qui souffrent des fléaux, d'avoir pitié de nous. Assistez la France dans tous ses dangers, ne vous lassez point de la garder sous votre tutelle et protection. Veillez sur mon pays, sur ma famille; procurez-nous la santé, par la vertu de vos prières, et nous, nous ne cesserons jamais de publier vos louanges.
Ainsi soit-il.

## A SAINT CLAIR, ABBÉ.

Grand saint, qui pendant votre séjour en ce monde l'avez si bien éclairé par l'exemple de vos vertus, que vous chassiez des cœurs les ténèbres des vices, écoutez notre prière. Obtenez-nous de Dieu une vraie lumière pour bien connaître et haïr le péché. Faites que nous renonçions aux fausses maximes du monde, pour entrer sincèrement dans la voie de la sagesse chrétienne.
Ainsi soit-il.

# A SAINT BLAISE.

O miroir d'innocence et de sainteté, à qui Dieu donna une si grande familiarité avec les bêtes sauvages, qu'elles vous respectaient et vous manifestaient de l'obéissance, préservez-nous des fléaux qui peuvent atteindre celles qui nous aident dans nos travaux. Elles font partie de ces biens que Dieu a donnés à l'homme, pour remplir une condition sur la terre; en nous les conservant, vous nous conserverez le pain que nous demandons chaque jour. Priez donc pour nous en cette circonstance fâcheuse, et nous vous bénirons de votre protection.

Ainsi soit-il.

# PRIÈRE POUR SA PAROISSE.

O mon Dieu, s'il vous faut le sacrifice de mes peines et de mon travail pour détruire le péché et gagner à votre amour tous les cœurs de notre paroisse, je vous offre ce sacrifice en toute sincérité. Que votre patience soit avec moi, maintenant et durant cette journée, afin que mon sacrifice soit digne de vous. Mon Dieu, je ne mérite pas de mourir pour votre amour et pour vos intérêts; mais au moins, je vous offre ce qui est en mon pouvoir, afin de concourir au salut de ceux qui me sont connus et font partie de la même famille chrétienne.     Ainsi soit-il.

## POUR LA SAINTE ÉGLISE CATHOLIQUE.

Très-doux Jésus, notre divin Maître, vous qui déjouâtes toujours les machinations à l'aide desquelles les Pharisiens croyaient vous surprendre, dissipez les conseils des impies et de tous ceux qui cherchent, dans la petitesse de leur esprit à circonvenir votre peuple et à le faire tomber dans les filets de leurs ruses trompeuses. Éclairez nous tous, nous vos disciples, des lumières de votre grâce; afin que l'astuce des sages de notre siècle ne nous corrompe point au moment, où de tous côtés, ils répandent des mensonges pour nous séduire. Donnez-nous la lumière d'une foi éclatante, et nous connaîtrons les embûches des impies, et nous croirons fermement aux dogmes de la sainte Église, en rejetant constamment les sophismes des hommes trompeurs.     Ainsi soit-il.

## POUR LA PAIX.

Dieu tout puissant et éternel, qui réglez avec une souveraine sagesse tout ce qui se passe dans le Ciel et sur la terre, écoutez favorablement les prières de votre peuple; et faites-nous jouir pendant cette vie, de la paix que vous seul pouvez nous donner. Nous vous en supplions par les mérites de Jésus-Christ, Notre Seigneur.     Ainsi soit-il.

## CALENDRIER DU CHRÉTIEN.

Vous comprenez à quelle fin nous vous suggérons cette règle pieuse de noter certains jours de l'année.

Dans ces jours, vous devez vous renouveler dans le service de Dieu, méditer votre destinée éternelle et les principales vérités de la foi.

Ce sont comme des jours de halte et de repos, dans la route de la vie. Qui est-ce qui ne se reposerait pendant quelques heures, après des tempêtes si furieuses, après des tentations si violentes? Oui, Chrétiens, quelques heures de recueillement doivent succéder à des mois entiers de lutte et de contradiction. Il vous faut respirer pendant quelques instants en face de votre éternité, sous les yeux de Dieu, qui vous a créé pour lui. Votre esprit et votre cœur ont besoin de se remettre de tant de distractions, de déchirements qu'apportent les affaires du monde et l'embarras des choses humaines. Ainsi, vous célèbrerez avec une piété plus grande l'anniversaire de votre naissance et de votre baptême,

Le jour de votre première communion,

De votre confirmation,

La fête de votre saint Patron;

Vous garderez un souvenir des retraites, jubilés, missions, où votre ferveur a été plus vive, vos résolutions plus importantes et plus sincères.

Vous noterez les jours anniversaires de la mort de vos parents, de vos bienfaiteurs.

N'oubliez pas les jours dans lesquels vous avez contracté quelqu'obligation de Confrérie ;

Le jour de l'adoration perpétuelle qui vous est échu ;

Le jour où vous avez à réciter le rosaire.

Vous ne négligerez pas de remarquer les jours où la miséricorde de Dieu s'est signalée envers vous : vous savez bien qu'en telle année, à tel jour, la grâce de Dieu a été plus efficace en vous. Vous avez échappé à un déshonneur, à une grave maladie, à un accident, vous avez réussi dans vos travaux et entreprises. Dieu vous a béni et protégé, sa providence vous a sauvé, à tel ou tel jour. Rappelez-vous, nous ne faisons qu'indiquer.

Vous marquerez le jour de la retraite du mois. Plusieurs personnes ont adopté une dévotion pour chaque jour de la semaine, et pour chaque mois. C'est un moyen d'enrichir son temps. Quelques-uns font des neuvaines pour obtenir des faveurs spirituelles ou temporelles, et encore, afin de se préparer aux solennités. Tout cela ne se fait pas sans profit, surtout quand on ne se contente pas de prier des lèvres, mais, qu'en même temps le cœur s'immole, les passions sont combattues et la pénitence pratiquée.

Sainte Gertrude invite les âmes pieuses à s'exciter à l'amour divin trois fois par jour.

Elle consacrait un jour par semaine à l'amour divin et appelait ce jour, le jour de l'amour. Ce jour là, elle demandait sept fois à Dieu, qu'il exerçât à son égard l'office de maître et qu'il lui enseignât l'art de l'aimer.

O mon Dieu, je vous consacre tous les moments de ma vie.

# PRIÈRE UNIVERSELLE.

O très-aimable Jésus, ceux qui ne vous connaissent pas ne vous aiment pas ; faites vous donc connaître à eux pour qu'ils vous aiment.

O très-sainte mère de Dieu, ceux qui ne vous invoquent pas ignorent le grand pouvoir que vous avez auprès de votre Fils.

Que par la prière, les pécheurs obtiennent leur conversion et l'esprit de pénitence ; les justes, la persevérance. Que l'église soit consolée des larmes que lui font répandre les maux dont elle voit son champ désolé, que tous ceux qui la persécutent reviennent à son amour et meurent dans son sein.

O sacré cœur de Jésus, ô saint cœur de Marie. daignez agréer ces vœux et ces désirs.
Que la paix du Seigneur soit avec nous tous.

J. H. S.

Vu et approuvé :
Lyon, 14 mars 1867.
DE SERRES, vicaire-général.

LYON, IMP. ET LIT. PORTE.

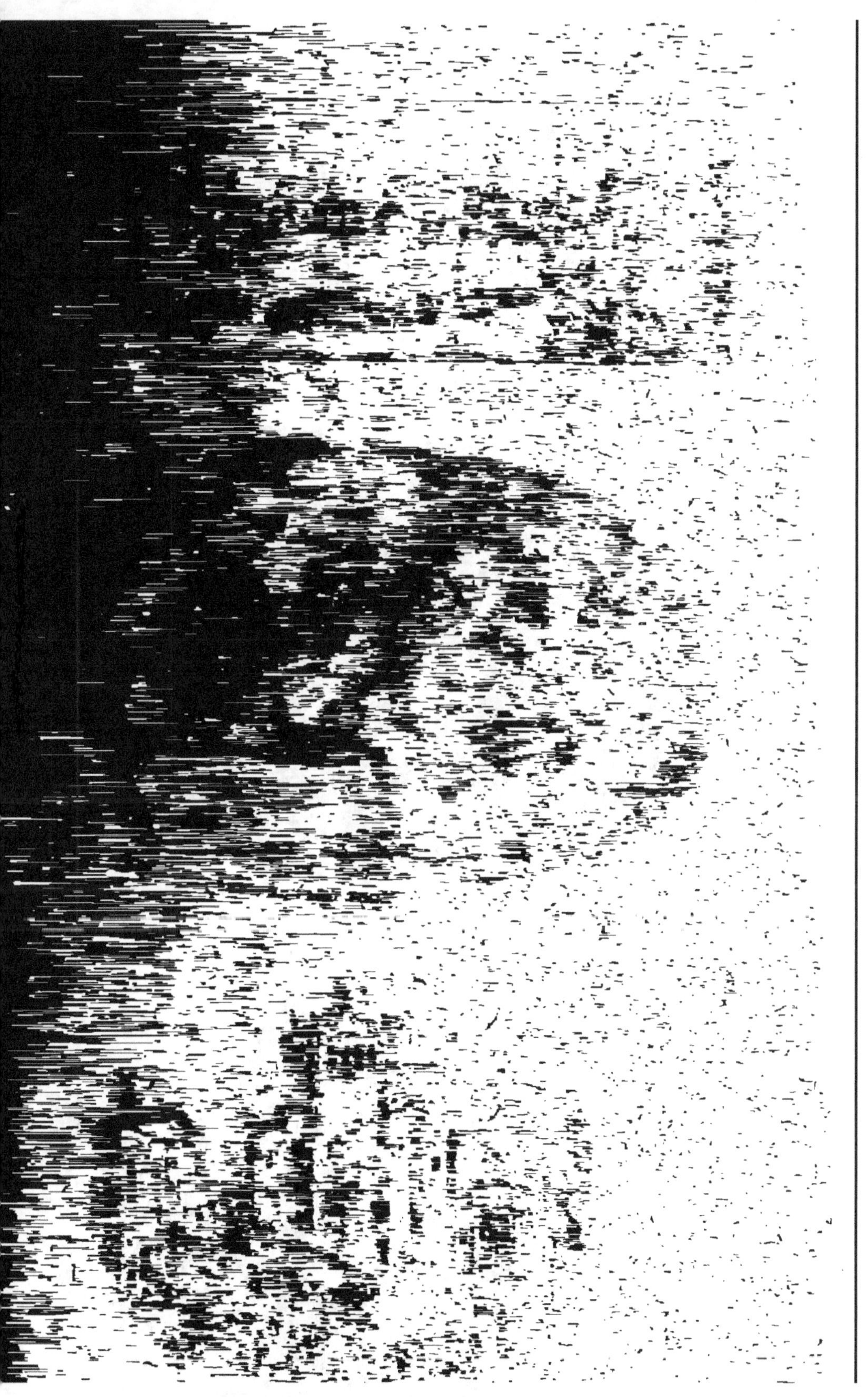

Funérailles de M<sup>r</sup> le Curé d'A...

MORT DU CURÉ D'ARS.